ANALOGIES

DE

L'HISTOIRE DE FRANCE

ET D'ANGLETERRE,

OU

1828 ET 1640,

Par M. le vicomte de Bonald,

PAIR DE FRANCE.

PARIS.

CHEZ J.-J. BLAISE, LIBRAIRE, RUE FEROU, N° 24.

—

1829.

ANALOGIES

DE

L'HISTOIRE DE FRANCE

ET D'ANGLETERRE.

OU

1828 ET 1640.

C'EST dans l'histoire des derniers Stuarts et particulièrement dans celle du plus malheureux de tous qu'il faut étudier notre propre histoire, celle de ce temps-ci, et je ne peux qu'exhorter ceux qui ne veulent pas de révolution nouvelle, et qui croient, dans la simplicité de leur cœur, qu'il n'y en a plus à craindre, à relire les historiens anglais de cette époque, Hume et Lingard. Ils reconnaîtront, chez les

deux peuples, et en 1828 comme en 1640, les mêmes
causes de révolution, les mêmes moyens, les mêmes effets; et cela doit être, puisque les deux nations
ont la même forme de constitution. Les maladies qui
ont leur source dans le tempérament doivent être
les mêmes pour les tempéraments semblables, et la
constitution est le tempérament de l'état comme
l'administration en est le régime.

Quand les opinions qu'on appela, qu'on crut
peut-être une *réforme*, eurent levé en Europe contre
la monarchie religieuse et politique l'étendard san-
glant de la démocratie politique autant que religieuse, la guerre commença pour ne plus finir entre
deux principes antipathiques, l'unité de pouvoir
et la division des pouvoirs, et sa violence fut pro-
portionnée à l'importance des intérêts et à la puissance des parties belligérantes.

L'une avait pour cri de guerre : *souveraineté de
l'homme et de la raison privée;* l'autre : *souveraineté
de Dieu et autorité de la raison générale.*

Le monstre couronné qui *jamais ne refusa le sang
d'un homme à sa haine, ni l'honneur d'une femme à
ses désirs*, Henri VIII, faisant d'un caprice domestique une révolution sociale, ouvrit la campagne contre la religion catholique dont il avait été proclamé
le défenseur, contre ses ministres, ses propriétés,
sa discipline, ses dogmes, et il fut trop bien se-
condé par les hommes qu'il enrichit des dépouilles
de l'Église. La guerre continua sous son fils Édouard,
et recommença sous Élisabeth, avec la fureur qu'elle

(3)

tenait des premières violences de Henri **VIII** et avec
des redoublements de rage et de barbarie qui rap-
pelaient et surpassaient les sanglantes persécutions
des Nérons et des Dèces contre les chrétiens.

Le luthéranisme anglican suivit cependant sa
pente naturelle vers le presbytéranisme malgré les
efforts d'Henri, d'Edouard et d'Elisabeth pour le
retenir dans les premières croyances et malgré leurs
rigueurs contre ceux qui s'en écartaient ; mais bientôt échauffé par le puritanisme écossais le plus ri-
gide et le plus intolérant, il donna naissance aux indépendants, ceux-ci aux *levellers* ou niveleurs et à
mille autres sectes. A lire leurs débats, on pren-
drait les Anglais de cette époque pour un peuple de théologiens ; à voir leurs actes pour un peuple de sauvages ; et le sang des catholiques et souvent celui des *non-conformistes* coula à grands flots ;
sacrifices réels de sang humain qu'offraient ces nouvelles religions à la place du sacrifice innocent et
mystique de la religion catholique qu'elles avaient
aboli.

Elles avaient versé le sang de l'infortunée Marie
Stuart, elles versèrent celui de son petit-fils, et tant
de guerres, de massacres, de tortures, d'exils, de
confiscations, de bannissements, de malheurs, enfin,
privés et publics, aboutirent au despotisme de Crom-
wel, qui comprima tous les partis avec une égale ri-
gueur, et *qui se vantait,* dit Hume, *d'être le seul
qui eût pu réprimer l'insolence de ces sectes qui ne
pouvaient souffrir qu'elles-mêmes.*

La révolution française a présenté les mêmes phases toutefois avec les différences qui devaient résulter des caractères différents des deux nations et de la différence des temps et des circonstances qui avaient précédé. Mais à la haine furieuse qu'elle a montrée dès son début contre les ministres de la religion et de la royauté, le clergé et la noblesse, il a été facile de reconnaître le même principe démocratique en religion et en politique qui avait produit la révolution d'Angleterre.

Il y avait cependant cette différence à l'avantage de l'Angleterre, que le fanatisme qui y avait égaré tous les esprits et endurci tous les cœurs était un fanatisme de religion qui avait quelque chose de moral, puisqu'en relâchant la sainte sévérité des préceptes du christianisme, il outrait jusqu'au ridicule l'austérité des conseils, et condamnait comme profanes les divertissements même les plus innocents ; au lieu que le fanatisme de la révolution française a été un fanatisme d'impiété, qui n'avait ni frein ni correctif dans aucun sentiment moral, et était à la fois licencieux et cruel. Quoique la dernière révolution d'Angleterre, celle qui précipita du trône les Stuarts pour y placer un prince hollandais, eût commencé bien avant Charles Ier, cependant il suffit de parler du règne de ce prince pour en étudier la marche et en suivre les progrès.

Ce fut alors que les communes usurpèrent sur le roi et sur les pairs cette autorité dont elles firent depuis un si terrible usage, autorité qui céda au despotisme de Cromwell, mais qu'elles reprirent sous les successeurs de Charles Ier, dont la tendance au catholicisme alarma les grands détenteurs de biens ecclésiastiques, plus jaloux de défendre leurs propriétés contre le roi qu'ils ne l'avaient été de défendre leurs prérogatives contre les communes; autorité enfin qui amena, sans que le peuple y prît part et même plutôt malgré lui, la révolution de 1688.

C'est à ce résultat final, c'est au schisme et à un changement de dynastie que nos architectes de révolutions voudraient en venir; nous ne le verrons pas, il faut l'espérer, mais nous voyons les mêmes moyens employés pour y parvenir. Je prendrai une citation dans les histoires d'Angleterre les plus estimées, et particulièrement dans la plus récente, celle du docteur Lingard, plus anglican en politique, quoique catholique et prêtre, même que Hume, et rien ne manquera à l'exactitude du parallèle.

Quand les communes d'Angleterre voulurent forcer Charles Ier à accepter les dures conditions qu'elles lui proposaient en le menaçant d'un refus de subsides, conditions dont les premières étaient toujours l'abolition du culte catholique et la persécution de ses ministres, la condamnation de Strafford et l'abandon de plusieurs prérogatives de la couronne « elles » refusèrent le président que le roi avait désigné, et » les élections prouvèrent que tous les efforts des ministres (qu'elles n'accusèrent pourtant pas de fraude » ni même d'avoir usé de leur influence) n'avaient » pu obtenir pour ce roi qu'un tiers des membres des

» communes. La misère du pays, les attaques à ses
» libertés et les dangers qui menaçaient la religion
» protestante fournirent aux orateurs un vaste champ
» de déclamations et d'invectives. Leurs plaintes, im-
» primées et distribuées dans tout le royaume, furent
» répétées de nouveau dans des pétitions signées par
» plusieurs milliers d'habitants de tous les comtés.
» Soutenues par la voix du peuple, les communes
» négligèrent les recommandations royales , et se di-
» visèrent en *comités* et *sous-comités*, et pendant plu-
» sieurs séances donnèrent toute leur attention à trois
» sujets : l'investigation des abus, les remèdes à y ap-
» porter et la punition des délinquants.

» Comme de coutume les catholiques furent les
» premiers à ressentir les effets de leur inimitié ; on
» se remit à crier que la religion protestante était en
» danger par les intrigues des papistes. Il est certain
» qu'aucune crainte n'était plus mal fondée ; mais
» dans les temps de fermentation générale la con-
» duite publique admet aisément des assertions au
» lieu de preuves et des apparences pour des réa-
» lités. » N'est-ce pas notre histoire qu'on vient de
lire ; et le refus de présenter le président qui eût été
agréable au roi, et le succès des élections libérales,
et les plaintes éternelles et si peu fondées sur la misère de la France, sur le mauvais état du commerce,
de l'agriculture et de l'industrie, et la haine de la religion catholique qu'on appelle *jésuitisme*, *absolutisme*,
ultramontanisme , et les catholiques qu'on n'ose encore nommer *papistes* , injure que l'on sous-entend

en les appelant *jésuites*, et le danger que court la liberté des cultes, qu'il faut traduire par la préférence qu'on réclame pour le culte protestant, et les discours *imprimés* et répandus, et les *pétitions* et les *comités* et les *sous-comités* directeurs, et l'investigation des abus présumés dans les élections, et la loi électorale qu'on vient de délibérer pour y porter remède, c'est-à-dire pour soustraire les élections à l'influence des royalistes, et les laisser sous celle des libéraux, et la punition des administrateurs délinquants, etc.; tout cela ne semble-t-il pas copié textuellement du passage qu'on vient de lire?

Alors il y avait en Angleterre fanatisme de religion dans le plus grand nombre, et hypocrisie de religion dans quelques-uns ; aujourd'hui il y a en France fanatisme d'impiété chez les uns, et même hypocrisie d'impiété chez les autres qui craignent le succès des libéraux et veulent se mettre en sûreté sous leur étendart : la chaire sacrée était en Angleterre à cette époque la puissance dominante ; nous avons à la place la chaire politique ou la tribune, qui, à la faveur de la liberté de la presse, a bien plus d'auditeurs que la chaire des églises ; nous avons les journaux, puissance redoutable et capable toute seule de bouleverser l'Europe. Nos libéraux n'ont pas, il est vrai, la prétention d'être et de s'appeler *saints*, comme les indépendants ou les puritains d'Angleterre et d'Ecosse ; mais ils se croient bien certainement l'élite de la nation, les seuls éclairés, les seuls purs, les seuls libres, et traitent de *serviles* et de petits esprits tout ce qui n'est pas libéral, comme les *saints* d'Angleterre traitaient de profanes tout ce qui n'était pas enthousiaste des nouvelles opinions.

Quelques-uns, je crois, auraient voulu faire de M. de Villèle un autre comte de Strafford, mais il n'a pas été possible d'aller jusque là, et ils se sont rejetés sur les jésuites. Ils se sont proposé par cette accusation si souvent, si violemment répétée et à tout propos, de tourmenter la conscience religieuse du Roi et des catholiques, de les brouiller peut-être avec le Saint-Siége et de porter un coup mortel à la religion, dont ce corps illustre a plus que tout autre répandu dans l'univers la connaissance et les bienfaits, et qui s'est le plus opposé aux progrès du calvinisme son implacable ennemi qui n'a cessé de le calomnier, et, quand il l'a pu, de le persécuter; il y a eu dans les journaux libéraux, des articles contre cette société célèbre révoltants d'injustice, d'imposture et de cruauté, et de qui l'on pourrait dire ce que Hume dit du *Covenant* anglais, contre la religion catholique :
« Composé des plus furieuses et des plus virulentes »invectives que jamais des êtres humains aient »employées pour enflammer les cœurs d'une haine »sans relâche contre des créatures de leur espèce.»

C'est encore dans les mêmes vues qu'au lieu de jeter le manteau de la Charité sur les faiblesses, les fautes, les erreurs, si l'on veut, de quelques ministres de la religion, on s'attache à les exagérer, à les proclamer, à les inventer peut-être, comme si la religion pouvait plus souffrir des fautes de ses ministres, que l'armée ou la justice de celles de quelques militaires ou de quelques magistrats, ou que l'impeccabilité eût été donnée à quelque mortel. « Faites ce qu'ils vous disent et non pas ce qu'ils » font », a dit le Sauveur, en parlant des hommes chargés d'instruire les autres, et c'est encore dans le même esprit qu'ils ont applaudi aux jugements aussi impolitiques qu'anti-chrétiens de quelques tribunaux sur la validité du mariage des prêtres. Mais continuons le parallèle : « Les communes affir- » maient l'existence d'une coalition de papistes, de » jésuites, d'évêques, d'ecclésiastiques, dont le but » était la destruction des libertés de l'Angleterre ; » un conseil de papistes gouvernait le Roi, etc., etc. »

Ne retrouvons nous pas dans ce peu de mots la congrégation et les sociétés occultes du jésuitisme, de l'absolutisme, de l'ultramontanisme qui gouvernent le Roi, ses ministres, le royaume, et toute cette phantasmagorie et cet épouvantail pour effrayer les esprits faibles, dont les meneurs sont les premiers à se moquer ?

A mesure que les communes obtenaient des succès contre l'autorité royale, elles arrachaient au Roi de nouvelles concessions ; et, portant plus loin leurs prétentions, elles refusaient les subsides nécessaires ; et, si les pairs s'y opposaient, elles soutenaient « que les lords n'étaient que des individus » privés, tandis que la chambre des communes

» était la représentation nationale. » Et déjà n'a-t-on pas menacé dans notre chambre des députés d'un refus de budget ? En cas de division entre les deux chambres, les libéraux, qu'on n'en doute pas, prétendront que la chambre des députés est la seule représentation nationale ; et nous avons vu il y a peu d'années une violente attaque contre la chambre des pairs, par un des coryphées de celle des députés.

« Les adversaires du Roi présentèrent un article » comme base d'une pacification, et il y était dit » que les gouverneurs et tuteurs des enfants du Roi » seraient choisis par le parlement. » Nos libéraux n'en ont pas encore élevé la prétention, mais ils nous y ont préparés en critiquant avec amertume le choix du précepteur du jeune prince, et en témoignant un extrême mécontentement de la nomination de son nouveau gouverneur.

Une des choses qui occupaient le plus les communes, et sur laquelle elles revenaient avec le plus d'acharnement dans leurs remontrances au Roi et leurs propositions de pacification, était l'éducation des enfants des papistes, qu'elles voulaient arracher à leurs parents pour en faire tout autre chose que des catholiques ; et encore ici nous pouvons apercevoir la tendance de nos libéraux à se mêler de l'éducation de nos enfants, pour les soustraire d'abord à l'influence des jésuites, et plus tard à tout autre influence religieuse, et les livrer à des enseignements qui offriraient moins de garanties d'éducation chrétienne; et cependant l'auteur de *la Monarchie selon la Charte*, l'oracle du gouvernement constitutionnel, a dit formellement : « Il n'y » a aucun doute que l'éducation publique ne doive » être remise entre les mains des ecclésiastiques et » des *congrégations religieuses* aussitôt que l'on » pourra ; C'EST LE VŒU DE LA FRANCE. »

C'est là le secret principe de la haine des libéraux contre une société dans laquelle on semble poursuivre, comme Voltaire, ce nom adorable *qui est au-dessus de tous les noms;* et, pour satisfaire cette haine, ils ne craignent pas de violer la Charte dont ils se proclament les défenseurs exclusifs, et dont ils font un instrument de vengeance et d'animosité, lorsque son auteur a voulu en faire un moyen d'ordre et d'union entre les citoyens; ils refusent à quelques-uns les libertés qu'elle a octroyées à tous. Après avoir dans la révolution détruit les parlements comme des instruments d'oppression et de pouvoir absolu, et avoir envoyé leurs membres par centaines à l'échafaud, ils osent aujourd'hui les faire revivre pour les opposer aux jésuites, lorsqu'ils se gardent bien de rappeler les nombreux arrêts de ces mêmes cours qui ont flétri leurs propres doctrines et en ont condamné les auteurs; et ni l'exemple de tous les gouvernements qui les ont conservés ou rappelés, de l'Angleterre qui les tolère, des États-Unis qui les pensionnent, de l'habile et prudente Autriche qui vient de les rétablir, ni le vœu de vingt mille parents qui ont confié à ces habiles instituteurs ce qu'ils ont de plus cher , et la douleur qu'ils ressentent d'être forcés de les en séparer, ne peuvent faire fléchir la haine et l'orgueil de leurs ennemis , ni changer les préventions injustes de quelques hommes qui ne sont pas libéraux par leurs sentiments, mais qui, sans le croire, le sont par leurs doctrines.

Lorsque l'on accumule contre cette illustre société de si dégoûtantes et de si ridicules injures, nous rappellerons ici ce qu'écrivait sur les jésuites M. le comte de Lally-Tolendal, dont l'opinion remarquable sur la suppression de cet ordre célèbre fut citée, il y a deux ans, dans une cause fameuse. « Nous croyons, » écrivait-il, que la destruction des jésuites *fut une* » *affaire de parti et non de justice ,* que ce fut l'acte *le* » *plus arbitraire et le plus tyrannique* qu'on put exer- » cer; qu'il en résulta généralement le désordre » qu'entraîne UNE GRANDE INIQUITÉ, et qu'en par- » ticulier une plaie jusqu'ici incurable fut faite à » l'éducation publique et notamment à l'éducation » monarchique. »

Voilà la justice qu'a rendue un illustre pair à ces religieux qu'un protestant, un philosophe et un Anglais, le chevalier Bacon, proposait autrefois pour modèles à tous les instituteurs de la jeunesse, lorsqu'il disait : « Dès qu'il s'agit d'éducation, le mieux » est de consulter les jésuites ; il n'y a rien qui les » vaille : *Consule scholas jesuitarum ; nihil enim his* » *melius* (1). »

---

(1) Bac. de Aug. Scient.

Enfin les communes jetèrent le masque et en appelèrent aux armes de leurs différends avec le Roi. Elles levèrent une armée parlementaire composée en grande partie de la milice de Londres. N'y aurait-il pas quelque intention de ce genre dans la proposition de rétablir la garde nationale parisienne, troupe assurément inutile pour une guerre contre l'étranger, mais dont on pourrait se servir avec succès dans une guerre civile ? « En un mot, dit » l'historien anglais , toutes les plaintes sur l'état du » royaume, toutes les demandes de redressements » d'abus, toutes les propositions dictées en apparence » par l'amour de la paix et du bien public , n'étaient » en réalité qu'un manteau pour l'ambition d'hom- » mes qui , ayant goûté de la souveraineté , et s'étant » élevés au-dessus de la sphère ordinaire de sujets , » cherchèrent à devenir les maîtres et dégénérèrent » en tyrans. »

Qu'il soit permis à l'auteur de cet écrit de s'adresser à des hommes qui ont si long-temps et avec tant de succès et de gloire, combattu pour la religion et la royauté, et que l'on voit aujourd'hui , engagés dans des liaisons dangereuses, prêter l'appui de leurs bonnes intentions et de leurs vertus à un parti où les royalistes n'avaient jamais trouvé qu'inimitié , et l'opposition la plus violente.

Nous ne voulons pas de révolution , leur dira-t-il, et qu'est-ce qu'une révolution dans un État monarchique, sinon l'abaissement de l'autorité royale et l'extension de la souveraineté populaire ? car l'une ne peut descendre sans que l'autre ne monte ; et quelles atteintes n'ont pas déjà été portées à la royauté, et quelle force n'a pas été donnée à sa rivale.

Le gouvernement représentatif ne peut atteindre le but louable que s'est proposé son auteur, qu'autant que les trois pouvoirs qui le composent ne font qu'un pouvoir; car l'unité de pouvoir est la loi fondamentale de la société et la première condition de son existence : deux pouvoirs sont et font deux sociétés, et deux sociétés ne peuvent vivre en paix sur le même territoire.

Sous les derniers Stuarts nous avons vu que la chambre des communes n'avait laissé que le tiers de ses membres à la nomination royale ; elle usurpa le pouvoir sur la couronne et les pairs qui voulaient la défendre ; et ces deux pouvoirs ne cessèrent de se combattre jusqu'à ce que Cromwell les eut mis d'accord.

Depuis ce temps l'unité de pouvoir existe en Angleterre autant qu'elle peut y exister, et elle y a porté ses fruits naturels : la tranquillité de l'État au-dedans, et sa prospérité au-dehors. Cette unité de pouvoir existe dans ce pays, non par bons procédés et courtoisie entre les deux chambres, mais appuyée sur un fondement moins précaire, sur la grande influence de la couronne et de la chambre des lords, qui nomment de droit et de fait le plus grand nombre des députés, et laissent au peuple, pour les autres nominations, les saturnales des *hustings*. Aussi c'est de cette époque qu'il faut faire dater la grande prospérité de l'Angleterre, et c'est à cette cause qu'il faut l'attribuer.

C'est précisément cette forme de nomination que les radicaux honnis, et redoutés de tout ce que l'Angleterre compte d'hommes sûrs et amis de leur pays, voudraient abroger pour y substituer des élections à la française, mécaniquement régulières, mais politiquement dangereuses. C'est précisément aussi ce que nous avons fait, ou à peu près, en déclamant contre ce qu'on a appelé les fraudes du gouvernement et de ses agents, et en lui ôtant, par la nouvelle loi électorale, et en voulant lui ôter à l'avenir par la loi de réélection heureusement rejetée par la chambre des pairs, tout moyen d'influence sur les élections.

L'influence des préfets ne pourra presque rien sur les élections livrées désormais aux intrigues et aux fraudes d'un parti qui à force de ruses, d'impostures, de séductions, d'argent donné ou prêté, quelquefois de violence, sera maître des choix, et fera nommer des représentants qui ne représenteront que le parti qui les aura nommés. Aussi le chef habile du dernier gouvernement, pour soustraire les nominations des députés à l'influence populaire, en avait confié le choix à son sénat, et n'avait laissé aux colléges électoraux que le droit de présentation : c'était au reste bien plus dans l'intérêt du peuple que dans le sien ; et il pensait sans doute que le peuple n'est bien représenté que par ceux qu'il ne nomme pas, parce qu'il ne nomme jamais que sous l'influence d'intrigues et d'ambition personnelle, lorsque son choix n'est pas guidé, comme en Angleterre, par l'autorité publique.

A cette grande cause d'usurpation démocratique qui menace la religion, la royauté, la pairie, la société tout entière, et qui tôt ou tard attirera sur elle les plus grands malheurs, il faut en joindre une autre plus prochaine et plus active, puissante auxiliaire ou directrice de la première, le journalisme qui à la faveur des concessions qui lui ont été faites au détriment de la royauté, va prendre son plus grand essor.

Après l'évidence du raisonnement qui démontre l'impossibilité d'atteindre par la lettre *précise* de la loi des délits aussi vagues, aussi subtils que les délits de la presse, une expérience bientôt de quinze années, et l'inutilité des lois répressives, aurait dû, ce semble, nous y faire renoncer, ou du moins nous conduire à armer nos tribunaux comme le sont les juges anglais du pouvoir discrétionnaire, de *qualifier* les libelles et d'en punir sévèrement les auteurs; et le plus ardent défenseur de la liberté de la presse était si convaincu lui-même autrefois de ses dangers, qu'il proposait, comme l'on sait, dans sa Monarchie selon la Charte, *de prévenir quelquefois par la mort les écrits séditieux.* ... Nous nous obstinons cependant, malgré la raison et l'expérience, à marcher dans les mêmes voies; et nous n'avons pu imaginer d'autre moyen légal de répression, que l'établissement ridicule et même injuste d'éditeurs responsables qu'il a fallu abandonner, et aujourd'hui de gérants responsables, qui, je crois, ne dureront pas plus long-temps que les éditeurs responsables ; et l'Europe, qui s'était étonnée de voir les tribunaux français, renommés pour leur intégrité, condamner des hommes qu'ils savaient innocents des délits qui leur étaient dénoncés, concevra une étrange idée de nos mœurs actuelles lorsqu'elle verra des hommes honorables par leurs talents, leur fortune et la considération qui les suit, accepter sans nécessité la contrainte par corps, et tenant plus à leurs phrases qu'à leur liberté, martyrs d'un nouveau genre, préférer la séquestration de leurs personnes par jugement de police correctionnelle, à la suppression par la censure de quelques lignes souvent fort médiocres de leurs écrits. Au reste cette disposition *afflictive* est tout-à-fait conséquente au point de vue sous lequel on a considéré les journaux ; regardés comme une entreprise commerciale, ils doivent suivre les lois du commerce qui, pour quelques francs, soumettent à l'emprisonnement le débiteur insolvable ; il y a toutefois cette différence qu'il n'y a que du malheur à ne pas pouvoir acquitter une dette, et qu'il y a quelque chose de plus à être envoyé en prison pour des écrits impies, séditieux et diffamatoires.

Avec la liberté des élections populaires et l'impunité des journaux, un gouvernement même représentatif ne peut avoir de sécurité ni pour le présent ni pour l'avenir, et sa durée, pour prolongée qu'elle puisse être , ne sera qu'une longue maladie.

Vous ne voulez pas de révolution ; mais ceux qui en ont fait ne se sont jamais proposé les désordres qui en sont l'accompagnement inévitable ; mais la constituante, riche de tant de lumières, de vertus privées et publiques et d'intentions de bien public , mais la convention elle-même, sous laquelle se consomma la révolution commencée par la constituante, ne voulaient pas une révolution, du moins avec les affreux excès qui en ont fait la terreur de la France et l'épouvante de l'Europe. Ces assemblées ne demandaient aussi que le redressement des abus ; elles ne rêvaient que chimères et perfection, que bonheur et que liberté ; et à combien de membres de ces assemblées, même de ceux dont les erreurs ou les crimes ont eu le plus d'influence sur nos malheurs, pourraient s'appliquer ces paroles de Hume sur le fameux *Hambden* : « La douceur dans le com-
» merce de la vie, la modération, l'art de l'éloquence
» dans les débats de la chambre , la pénétration et le
» discernement dans les conseils, l'industrie, la vi-
» gilance et la chaleur dans l'action , sont autant
» d'éloges que les historiens des partis les plus oppo-
» sés lui accordent sans exception. L'honnêteté
» même de sa conduite et de ses principes est à cou-
» vert de reproches. On doit prendre garde seule-
» ment, malgré son généreux zèle pour la liberté, à
» quel titre il mérite la qualité de bon citoyen. A

» travers toutes les horreurs de la guerre civile, il
» cherche l'abolition de la monarchie et la ruine de
» la constitution, but que tout ami sincère de la
» patrie devrait éviter quand il y aurait pu parvenir
» par des voies paisibles. »

Mais une fois sortis des vraies et bonnes routes,
l'orgueil ne leur permit pas de revenir sur leurs
pas, et ces principes de désordre qu'avaient posés
innocemment peut-être des législateurs en habits
brodés, des logiciens en guenilles en tirèrent les
conséquences immédiates, et firent la sanglante
application de leurs théories philanthropiques.

Et cependant quelle force n'avait pas alors la
France pour repousser une révolution? et que de
peines elle a coûtées à ses auteurs! Quel peuple fut
jamais plus soumis au joug des lois, plus attaché à
sa religion, plus affectionné à ses rois? Dans quel
pays les propriétés furent-elles plus respectées, les
relations entre les citoyens plus bienveillantes, les
mœurs plus douces et plus éloignées de toute violence contre la vie et les biens de ses semblables?...
Et aujourd'hui, après que bientôt un demi-siècle
de désordres triomphants et impunis a passé sur
cette nation, que des générations nouvelles se sont
élevées dans le mépris ou la haine de la religion,
de l'autorité royale, des classes supérieures, et que
les principes d'ordre, de justice, d'humanité, ont
reçu de si rudes et de si publiques atteintes, aujour-
d'hui que des doctrines d'irreligion, de révolte, de
licence, ont pénétré jusques dans les chaumières,

aujourd'hui enfin que ce peuple a bu jusqu'à la lie dans la coupe empoisonnée des révolutions, il suffirait qu'il y trempât ses lèvres pour perdre le peu de raison qui lui reste. Vous ne voulez pas de révolution, et elle se fera par la seule force des doctrines que vous aurez proclamées ou appuyées ; et quand une fois le rocher sera lancé du haut de la montagne, en vain vous voudrez l'arrêter, et *si vous survivez à vos remords, vous périrez par les complices que vous vous serez donnés*..... Vous croyez peut-être qu'une révolution ne trouverait plus d'instruments de ses fureurs et de ses vengeances. Quoi! elle ne trouverait plus d'instruments de désordre dans un vaste État où la licence publique et domestique a peuplé les hôpitaux d'un nombre prodigieux et toujours croissant d'enfants sans famille, sans parents, sans patrimoine, et les bagnes ou les maisons de détention d'une foule de malfaiteurs, oppresseurs de leurs semblables, et toujours prêts à devenir les oppresseurs de la société (1)! Vous croyez qu'il ne se trouverait plus d'instruments de révolution! écoutez

---

(1) J'invite quelque académie à proposer pour sujet de prix cette question intéressante : « Pourquoi, dans les seuls » gouvernements représentatifs qu'il y ait en Europe, l'Angle- » terre et la France, se plaint-on de l'accroissement prodigieux » du nombre des crimes et des criminels ? » On sait que cette question a occupé récemment le parlement d'Angleterre. Est-ce qu'il y aurait plus d'oppression privée là où l'on veut plus de liberté publique ?

un véritable homme d'Etat, qui avait vécu aussi au milieu des révolutions, et qui en fut la victime, quoique né plébéien et romain, ami de l'aristocratie et peu s'en faut de la monarchie : « Il y aura des » causes et des germes de troubles civils toujours » subsistants, partout où des misérables se rappelle-» ront de sanglantes confiscations et en espèreront » de nouvelles. »

Nec verò unquàm bellorum civilium semen et causa deerit, dùm homines perditi hastam illam cruentam et meminerint et sperabunt.　　　　　Cic.

IMPRIMERIE DE BÉTHUNE, RUE PALATINE, N.º 5.